哎 ☆☆☆☆☆	 hey!
爱护 ☆☆☆☆☆	ài hù to take care
唉 ☆☆☆☆☆	āi to sigh
爱惜 ☆☆☆☆☆	ài xī to cherish; to treasure
爱心 ☆☆☆☆☆	ài xīn compassion
安慰 ☆☆☆☆☆	ān wèi to comfort; to console

安装 ☆☆☆☆☆	**ān zhuāng** to install; to erect
岸 ☆☆☆☆☆	**àn** shore; bank; beach
暗 ☆☆☆☆☆	**àn** dark; gloomy; hidden
熬夜 ☆☆☆☆☆	**áo yè** to stay up late or all night
把握 ☆☆☆☆☆	**bǎ wò** to grasp (also fig.); to seize
摆 ☆☆☆☆☆	**bǎi** to arrange; to exhibit

办理 ☆☆☆☆☆	bàn lǐ
	to handle; to transact
傍晚 ☆☆☆☆☆	bàng wǎn
	in the evening
包裹 ☆☆☆☆☆	bāo guǒ
	wrap up; bind up
包含 ☆☆☆☆☆	bāo hán
	to contain
包括 ☆☆☆☆☆	bāo kuò
	to comprise
薄 ☆☆☆☆☆	báo
	thin; cold in manner

保持 ☆☆☆☆☆	**bǎo chí** to keep; to maintain
保存 ☆☆☆☆☆	**bǎo cún** to conserve; to preserve;
保留 ☆☆☆☆☆	**bǎo liú** to preserve; to maintain
保险 ☆☆☆☆☆	**bǎo xiǎn** insurance; to insure
宝贝 ☆☆☆☆☆	**bǎo bèi** darling; baby
宝贵 ☆☆☆☆☆	**bǎo guì** valuable; precious

报到 ☆☆☆☆☆	bào dào
	to check in
报道 ☆☆☆☆☆	bào dào
	report; to report (new)
报告 ☆☆☆☆☆	bào gào
	to inform; report
报社 ☆☆☆☆☆	bào shè
	newspaper office
抱怨 ☆☆☆☆☆	bào yuàn
	to complain; to grumble
悲观 ☆☆☆☆☆	bēi guān
	pessimistic

背 ☆☆☆☆☆	bèi
	the back of a body or object
背景 ☆☆☆☆☆	bèi jǐng
	background
被子 ☆☆☆☆☆	bèi zi
	quilt
本科 ☆☆☆☆☆	běn kē
	undergraduate course
本领 ☆☆☆☆☆	běn lǐng
	skill; ability;
本质 ☆☆☆☆☆	běn zhì
	essence

彼此 ☆☆☆☆☆	bǐ cǐ
	each other; one another
比例 ☆☆☆☆☆	bǐ lì
	proportion; scale
必然 ☆☆☆☆☆	bì rán
	inevitable
必要 ☆☆☆☆☆	bì yào
	necessary
毕竟 ☆☆☆☆☆	bì jìng
	after all; all in all
避免 ☆☆☆☆☆	bì miǎn
	to avert; to prevent

编辑 ☆☆☆☆☆	biān jí
	to edit; to compile
鞭炮 ☆☆☆☆☆	biān pào
	firecrackers
便 ☆☆☆☆☆	biàn
	convenient; as convenient
辩论 ☆☆☆☆☆	biàn lùn
	debate; argument
标点 ☆☆☆☆☆	biāo diǎn
	punctuation
标志 ☆☆☆☆☆	biāo zhì
	sign; mark; symbol

表达 ☆☆☆☆☆	biǎo dá
	to express; to convey
表面 ☆☆☆☆☆	biǎo miàn
	surface; face
表明 ☆☆☆☆☆	biǎo míng
	to make clear
表情 ☆☆☆☆☆	biǎo qíng
	(facial) expression
表现 ☆☆☆☆☆	biǎo xiàn
	to show; to show off
冰激凌 ☆☆☆☆☆	bīng jī líng
	ice cream

病毒 ☆☆☆☆☆	bìng dú virus
播放 ☆☆☆☆☆	bō fàng to broadcast; to transmit
玻璃 ☆☆☆☆☆	bō li glass; nylon; plastic
博物馆 ☆☆☆☆☆	bó wù guǎn museum
脖子 ☆☆☆☆☆	bó zi neck
不断 ☆☆☆☆☆	bú duàn unceasing; uninterrupted

不见得 ☆☆☆☆☆	bú jiàn de
	not necessarily
不耐烦 ☆☆☆☆☆	bú nài fán
	impatience; impatient
不要紧 ☆☆☆☆☆	bú yào jǐn
	unimportant
补充 ☆☆☆☆☆	bǔ chōng
	to replenish
不安 ☆☆☆☆☆	bù ān
	unpeaceful
不得了 ☆☆☆☆☆	bù dé liǎo
	disastrous

不然 ☆☆☆☆☆	bù rán not so; no; or else
不如 ☆☆☆☆☆	bù rú not equal to; not as good as
不足 ☆☆☆☆☆	bù zú insufficient
布 ☆☆☆☆☆	bù cloth; to declare
步骤 ☆☆☆☆☆	bù zhòu step; move; measure
部门 ☆☆☆☆☆	bù mén department

财产 ☆☆☆☆☆	cái chǎn
	property; assets
彩虹 ☆☆☆☆☆	cǎi hóng
	rainbow
踩 ☆☆☆☆☆	cǎi
	to step on; to tread
采访 ☆☆☆☆☆	cǎi fǎng
	to interview; to gather news
采取 ☆☆☆☆☆	cǎi qǔ
	to adopt or carry out
参考 ☆☆☆☆☆	cān kǎo
	reference

参与 ☆☆☆☆☆	cān yù
	to participate
惭愧 ☆☆☆☆☆	cán kuì
	ashamed
操场 ☆☆☆☆☆	cāo chǎng
	playground
操心 ☆☆☆☆☆	cāo xīn
	to worry about
册 ☆☆☆☆☆	cè
	booklet; book
测验 ☆☆☆☆☆	cè yàn
	test; to test

曾经 ☆☆☆☆☆	céng jīng once; already
叉子 ☆☆☆☆☆	chā zi fork
差距 ☆☆☆☆☆	chā jù disparity; gap
插 ☆☆☆☆☆	chā to insert; stick in; pierce
拆 ☆☆☆☆☆	chāi to tear open
产品 ☆☆☆☆☆	chǎn pǐn goods

产生 ☆☆☆☆☆	**chǎn shēng** to arise; to come into being
常识 ☆☆☆☆☆	**cháng shí** common sense
长途 ☆☆☆☆☆	**cháng tú** long distance
抄 ☆☆☆☆☆	**chāo** to copy; to plagiarize
超级 ☆☆☆☆☆	**chāo jí** transcending; high grade
朝 ☆☆☆☆☆	**cháo** imperial or royal court

潮湿 ☆☆☆☆☆	cháo shī
	moist; damp
吵 ☆☆☆☆☆	chǎo
	to make a noise
吵架 ☆☆☆☆☆	chǎo jià
	to quarrel;
炒 ☆☆☆☆☆	chǎo
	pan-fry; to fry
车库 ☆☆☆☆☆	chē kù
	garage
车厢 ☆☆☆☆☆	chē xiāng
	carriage

彻底 ☆☆☆☆☆	chè dǐ
	thorough
沉默 ☆☆☆☆☆	chén mò
	taciturn; silent
趁 ☆☆☆☆☆	chèn
	to avail oneself of
称 ☆☆☆☆☆	chēng
	to weigh; to state
称呼 ☆☆☆☆☆	chēng hu
	to call; to address as
称赞 ☆☆☆☆☆	chēng zàn
	to praise; to acclaim

成分 ☆☆☆☆☆	chéng fèn
	composition
成果 ☆☆☆☆☆	chéng guǒ
	result; achievement
成就 ☆☆☆☆☆	chéng jiù
	accomplishment
成立 ☆☆☆☆☆	chéng lì
	to establish
成人 ☆☆☆☆☆	chéng rén
	adult
成熟 ☆☆☆☆☆	chéng shú
	mature; ripe

成语 ☆☆☆☆☆	**chéng yǔ**
	idiom; proverb; saying
成长 ☆☆☆☆☆	**chéng zhǎng**
	to mature; to grow
承担 ☆☆☆☆☆	**chéng dān**
	to undertake
承认 ☆☆☆☆☆	**chéng rèn**
	to admit; to concede
承受 ☆☆☆☆☆	**chéng shòu**
	to bear; to support
程度 ☆☆☆☆☆	**chéng dù**
	degree

程序 ☆☆☆☆☆	chéng xù
	procedures
诚恳 ☆☆☆☆☆	chéng kěn
	sincere
吃亏 ☆☆☆☆☆	chī kuī
	to suffer losses
持续 ☆☆☆☆☆	chí xù
	to continue
池塘 ☆☆☆☆☆	chí táng
	pool; pond
迟早 ☆☆☆☆☆	chí zǎo
	sooner or later

尺子	chǐ zi
☆☆☆☆☆	rule; ruler
翅膀	chì bǎng
☆☆☆☆☆	wing
充电器	chōng diàn qì
☆☆☆☆☆	battery charger
充分	chōng fèn
☆☆☆☆☆	full; abundant
充满	chōng mǎn
☆☆☆☆☆	full of; brimming with
冲	chōng
☆☆☆☆☆	(of water) to dash against

重复 ☆★★★★☆	chóng fù
	to repeat; to duplicate
宠物 ☆★★★★☆	chǒng wù
	house pet
抽屉 ☆★★★★☆	chōu ti
	drawer
抽象 ☆★★★★☆	chōu xiàng
	abstract
丑 ☆★★★★☆	chǒu
	clown; disgraceful
臭 ☆★★★★☆	chòu
	stench; stink

出版 ☆☆☆☆☆	chū bǎn to publish
出口 ☆☆☆☆☆	chū kǒu an exit; to speak
出色 ☆☆☆☆☆	chū sè remarkable
出示 ☆☆☆☆☆	chū shì to show
出席 ☆☆☆☆☆	chū xí to attend
初级 ☆☆☆☆☆	chū jí junior; primary

除非 ☆☆☆☆☆	chú fēi only if (..., or otherwise,...)
除夕 ☆☆☆☆☆	chú xī (New Year's) Eve
处理 ☆☆☆☆☆	chǔ lǐ to handle; to treat
传播 ☆☆☆☆☆	chuán bō to propagate
传染 ☆☆☆☆☆	chuán rǎn to infect
传说 ☆☆☆☆☆	chuán shuō legend; folklore

| 传统 ☆☆☆☆☆ | chuán tǒng |
| tradition; traditional |
| 窗帘 ☆☆☆☆☆ | chuāng lián |
| window curtains |
| 闯 ☆☆☆☆☆ | chuǎng |
| to rush; to charge |
| 创造 ☆☆☆☆☆ | chuàng zào |
| to create; to bring about |
| 吹 ☆☆☆☆☆ | chuī |
| to blow |
| 词汇 ☆☆☆☆☆ | cí huì |
| vocabulary |

辞职 ☆☆☆☆☆	cí zhí
	to resign
此外 ☆☆☆☆☆	cǐ wài
	besides
刺激 ☆☆☆☆☆	cì jī
	to irritate
次要 ☆☆☆☆☆	cì yào
	secondary
匆忙 ☆☆☆☆☆	cōng máng
	hasty; hurried
从此 ☆☆☆☆☆	cóng cǐ
	from now on

从而 ☆☆☆☆☆	cóng ér
	thus; thereby
从前 ☆☆☆☆☆	cóng qián
	previously
从事 ☆☆☆☆☆	cóng shì
	to go for
粗糙 ☆☆☆☆☆	cū cāo
	crude
促进 ☆☆☆☆☆	cù jìn
	to promote
促使 ☆☆☆☆☆	cù shǐ
	to induce; to promote

醋 ☆☆☆☆☆	cù
	vinegar; acid
催 ☆☆☆☆☆	cuī
	to urge; to press
存在 ☆☆☆☆☆	cún zài
	to exist; to be
措施 ☆☆☆☆☆	cuò shī
	measure; step
答应 ☆☆☆☆☆	dā ying
	to agree
达到 ☆☆☆☆☆	dá dào
	to reach

打工 ☆☆☆☆☆	**dǎ gōng** to have a part time job
打交道 ☆☆☆☆☆	**dǎ jiāo dào** to come into contact with
打喷嚏 ☆☆☆☆☆	**dǎ pēn tì** to sneeze
打听 ☆☆☆☆☆	**dǎ ting** to ask about
大方 ☆☆☆☆☆	**dà fāng** generous
大厦 ☆☆☆☆☆	**dà shà** large building

大象 ☆☆☆☆☆	**dà xiàng** elephant
大型 ☆☆☆☆☆	**dà xíng** large scale
呆 ☆☆☆☆☆	**dāi** foolish
代表 ☆☆☆☆☆	**dài biǎo** representative
代替 ☆☆☆☆☆	**dài tì** instead; to replace
待遇 ☆☆☆☆☆	**dài yù** treatment

贷款 ☆☆☆☆☆	**dài kuǎn**
	a loan
单纯 ☆☆☆☆☆	**dān chún**
	simple
单调 ☆☆☆☆☆	**dān diào**
	monotonous
单独 ☆☆☆☆☆	**dān dú**
	by oneself
单位 ☆☆☆☆☆	**dān wèi**
	unit (to measure)
单元 ☆☆☆☆☆	**dān yuán**
	unit (as an entity)

担任 ☆☆☆☆☆	dān rèn
	to assume office of
耽误 ☆☆☆☆☆	dān wu
	to delay
胆小鬼 ☆☆☆☆☆	dǎn xiǎo guǐ
	coward
淡 ☆☆☆☆☆	dàn
	insipid; diluted
当地 ☆☆☆☆☆	dāng dì
	local
当心 ☆☆☆☆☆	dāng xīn
	to take care

挡 ☆☆☆☆☆	dǎng
	to resist
倒霉 ☆☆☆☆☆	dǎo méi
	have bad luck
导演 ☆☆☆☆☆	dǎo yǎn
	direct
导致 ☆☆☆☆☆	dǎo zhì
	to lead to; to create
岛屿 ☆☆☆☆☆	dǎo yǔ
	island
到达 ☆☆☆☆☆	dào dá
	to reach; to arrive

道德 ☆☆☆☆☆	**dào dé** virtue
道理 ☆☆☆☆☆	**dào lǐ** reason
登记 ☆☆☆☆☆	**dēng jì** to register
等待 ☆☆☆☆☆	**děng dài** wait for; await
等于 ☆☆☆☆☆	**děng yú** to equal
滴 ☆☆☆☆☆	**dī** a drop; to drip

敌人 ☆☆☆☆☆	dí rén
	enemy; foe
的确 ☆☆☆☆☆	dí què
	really; indeed
地道 ☆☆☆☆☆	dì dao
	real; pure
地理 ☆☆☆☆☆	dì lǐ
	geography
地区 ☆☆☆☆☆	dì qū
	regional; local
地毯 ☆☆☆☆☆	dì tǎn
	carpet

地位 ☆☆☆☆☆	dì wèi
	position
地震 ☆☆☆☆☆	dì zhèn
	earthquake
递 ☆☆☆☆☆	dì
	to hand over
点心 ☆☆☆☆☆	diǎn xin
	pastry; dimsum
电池 ☆☆☆☆☆	diàn chí
	battery
电台 ☆☆☆☆☆	diàn tái
	transmitter-receiver

钓	diào
☆☆☆☆☆	to fish with a hook
顶	dǐng
☆☆☆☆☆	apex; crown of the head
冻	dòng
☆☆☆☆☆	to freeze
动画片	dòng huà piān
☆☆☆☆☆	cartoon; animation
洞	dòng
☆☆☆☆☆	cave; hole; zero
豆腐	dòu fu
☆☆☆☆☆	tofu; bean curd

逗 ☆☆☆☆☆	dòu
	to tease
独立 ☆☆☆☆☆	dú lì
	independent
独特 ☆☆☆☆☆	dú tè
	distinct
度过 ☆☆☆☆☆	dù guò
	to spend
断 ☆☆☆☆☆	duàn
	to break; to snap
堆 ☆☆☆☆☆	duī
	to pile up

兑换	duì huàn
☆☆☆☆☆	to convert
对比	duì bǐ
☆☆☆☆☆	contrast
对待	duì dài
☆☆☆☆☆	to treat; treatment
对方	duì fāng
☆☆☆☆☆	counterpart
对手	duì shǒu
☆☆☆☆☆	opponent
对象	duì xiàng
☆☆☆☆☆	target; object

吨 ☆☆☆☆☆	dūn
	ton
蹲 ☆☆☆☆☆	dūn
	to crouch; to squat
顿 ☆☆☆☆☆	dùn
	to pause; to stop
多亏 ☆☆☆☆☆	duō kuī
	thanks to; luckily
多余 ☆☆☆☆☆	duō yú
	superfluous
朵 ☆☆☆☆☆	duǒ
	earlobe

躲藏 ☆☆☆☆☆	duǒ cáng
	to conceal oneself
恶劣 ☆☆☆☆☆	è liè
	vile; nasty
耳环 ☆☆☆☆☆	ěr huán
	earring
发表 ☆☆☆☆☆	fā biǎo
	to publish
发愁 ☆☆☆☆☆	fā chóu
	to worry
发达 ☆☆☆☆☆	fā dá
	developed

发抖 ☆☆☆☆☆	fā dǒu
	to tremble
发挥 ☆☆☆☆☆	fā huī
	to display
发明 ☆☆☆☆☆	fā míng
	to invent
发票 ☆☆☆☆☆	fā piào
	invoice
发言 ☆☆☆☆☆	fā yán
	to make a speech
罚款 ☆☆☆☆☆	fá kuǎn
	(impose a) fine

法院 ☆☆☆☆☆	fǎ yuàn
	court of law; court
翻 ☆☆☆☆☆	fān
	to turn over
繁荣 ☆☆☆☆☆	fán róng
	prosperous
反而 ☆☆☆☆☆	fǎn ér
	instead
反复 ☆☆☆☆☆	fǎn fù
	repeatedly
反应 ☆☆☆☆☆	fǎn yìng
	to react; to respond

反映 ☆☆☆☆☆	fǎn yìng
	to mirror
反正 ☆☆☆☆☆	fǎn zhèng
	to put things back in order
范围 ☆☆☆☆☆	fàn wéi
	limit; range
方 ☆☆☆☆☆	fāng
	square
方案 ☆☆☆☆☆	fāng àn
	plan (for action)
方式 ☆☆☆☆☆	fāng shì
	way (of life); pattern

妨碍 ☆☆☆☆☆	fáng ài
	to hinder; to obstruct
仿佛 ☆☆☆☆☆	fǎng fú
	to seem; as if
非 ☆☆☆☆☆	fēi
	non-; not-
肥皂 ☆☆☆☆☆	féi zào
	soap
废话 ☆☆☆☆☆	fèi huà
	nonsense
分别 ☆☆☆☆☆	fēn bié
	to part or leave each other

分布 ☆☆☆☆☆	fēn bù
	distributed
分配 ☆☆☆☆☆	fēn pèi
	to assign
分手 ☆☆☆☆☆	fēn shǒu
	to part company
分析 ☆☆☆☆☆	fēn xī
	to analyze
纷纷 ☆☆☆☆☆	fēn fēn
	ne after another
奋斗 ☆☆☆☆☆	fèn dòu
	to strive

疯狂 ☆☆☆☆☆	fēng kuáng
	crazy; frantic
风格 ☆☆☆☆☆	fēng gé
	style; maneer
风景 ☆☆☆☆☆	fēng jǐng
	scenery
风俗 ☆☆☆☆☆	fēng sú
	social custom
风险 ☆☆☆☆☆	fēng xiǎn
	risk; venture; hazard
讽刺 ☆☆☆☆☆	fěng cì
	to satirize; to mock

否定 ☆☆☆☆☆	fǒu dìng to negate; negative
否认 ☆☆☆☆☆	fǒu rèn to deny
幅 ☆☆☆☆☆	fú width; roll
扶 ☆☆☆☆☆	fú to support with hand
服装 ☆☆☆☆☆	fú zhuāng clothing; dress
辅导 ☆☆☆☆☆	fǔ dǎo to coach; to tutor

复制 ☆☆☆☆☆	fù zhì
	to duplicate
妇女 ☆☆☆☆☆	fù nv3
	woman
改革 ☆☆☆☆☆	gǎi gé
	to reform
改进 ☆☆☆☆☆	gǎi jìn
	to improve
改善 ☆☆☆☆☆	gǎi shàn
	to make better
改正 ☆☆☆☆☆	gǎi zhèng
	to correct

概括 ☆☆☆☆☆	gài kuò to summarize
概念 ☆☆☆☆☆	gài niàn concept
盖 ☆☆☆☆☆	gài lid; to cover
干脆 ☆☆☆☆☆	gān cuì straightforward
干燥 ☆☆☆☆☆	gān zào to dry
感激 ☆☆☆☆☆	gǎn jī to express thanks

感受 ☆☆☆☆☆	gǎn shòu
	to sense; perception
感想 ☆☆☆☆☆	gǎn xiǎng
	impressions
赶紧 ☆☆☆☆☆	gǎn jǐn
	to hurry up; hurriedly
赶快 ☆☆☆☆☆	gǎn kuài
	immediately; at once;
干活儿 ☆☆☆☆☆	gàn huó r
	to work manually
钢铁 ☆☆☆☆☆	gāng tiě
	steel; strong

高档 ☆☆☆☆☆	gāo dàng
	superior quality
高级 ☆☆☆☆☆	gāo jí
	high level; high grade
搞 ☆☆☆☆☆	gǎo
	to do; to make
告别 ☆☆☆☆☆	gào bié
	to say good-bye to
格外 ☆☆☆☆☆	gé wài
	especially
隔壁 ☆☆☆☆☆	gé bì
	next door; neighbor

个别 ☆☆☆☆☆	gè bié
	individual
个人 ☆☆☆☆☆	gè rén
	individual
个性 ☆☆☆☆☆	gè xìng
	individuality
各自 ☆☆☆☆☆	gè zì
	each; respective
根 ☆☆☆☆☆	gēn
	root; basis
根本 ☆☆☆☆☆	gēn běn
	fundamental

公布 ☆☆☆☆☆	gōng bù
	to announce

公开 ☆☆☆☆☆	gōng kāi
	public

公平 ☆☆☆☆☆	gōng píng
	fair; impartial

公寓 ☆☆☆☆☆	gōng yù
	apartment building

公元 ☆☆☆☆☆	gōng yuán
	Christian era

公主 ☆☆☆☆☆	gōng zhǔ
	princess

功能 ☆☆☆☆☆	**gōng néng**
	function; capability
工厂 ☆☆☆☆☆	**gōng chǎng**
	factory; plant
工程师 ☆☆☆☆☆	**gōng chéng shī**
	engineer
工具 ☆☆☆☆☆	**gōng jù**
	tool; instrument
工人 ☆☆☆☆☆	**gōng rén**
	worker
工业 ☆☆☆☆☆	**gōng yè**
	industry

恭喜 ☆☆☆☆☆	gōng xǐ
	congratulations
贡献 ☆☆☆☆☆	gòng xiàn
	to contribute
沟通 ☆☆☆☆☆	gōu tōng
	communicate
构成 ☆☆☆☆☆	gòu chéng
	to constitute
姑姑 ☆☆☆☆☆	gū gu
	paternal aunt
姑娘 ☆☆☆☆☆	gū niang
	young woman

古代 ☆☆☆☆☆	gǔ dài ancient times
古典 ☆☆☆☆☆	gǔ diǎn classical
股票 ☆☆☆☆☆	gǔ piào share; stock (market)
骨头 ☆☆☆☆☆	gǔ tou bone; strong character
鼓舞 ☆☆☆☆☆	gǔ wǔ heartening (news)
鼓掌 ☆☆☆☆☆	gǔ zhǎng to applaud; to clap

固定 ☆★★★☆	gù dìng fixed; set
挂号 ☆★★★☆	guà hào to register
乖 ☆★★★☆	guāi well-behaved
拐弯 ☆★★★☆	guǎi wān to go round a curve
怪不得 ☆★★★☆	guài bu de lit. you can't blame it!
关闭 ☆★★★☆	guān bì to close; to shut

官 ☆☆☆☆☆	**guān** official; government
观察 ☆☆☆☆☆	**guān chá** to observe
观点 ☆☆☆☆☆	**guān diǎn** point of view
观念 ☆☆☆☆☆	**guān niàn** thought; notion
管子 ☆☆☆☆☆	**guǎn zǐ** tube; pipe
冠军 ☆☆☆☆☆	**guàn jūn** champion

光滑	guāng hua
☆☆☆☆☆	glossy
光临	guāng lín
☆☆☆☆☆	Welcome!
光明	guāng míng
☆☆☆☆☆	illumination
光盘	guāng pán
☆☆☆☆☆	compact disc; CD
广场	guǎng chǎng
☆☆☆☆☆	a public square
广大	guǎng dà
☆☆☆☆☆	(of people) numerous

广泛	guǎng fàn
☆☆☆☆☆	extensive; wide range
归纳	guī nà
☆☆☆☆☆	to sum up
规矩	guī ju
☆☆☆☆☆	established practice
规律	guī lv4
☆☆☆☆☆	rule (e.g. of science)
规模	guī mó
☆☆☆☆☆	scale; scope
规则	guī zé
☆☆☆☆☆	regulation

柜台 ☆☆☆☆☆	guì tái sales counter
滚 ☆☆☆☆☆	gǔn
	to roll; to get away
锅 ☆☆☆☆☆	guō
	pan; pot; boiler
国庆节 ☆☆☆☆☆	guó qìng jié
	PRC National Day
国王 ☆☆☆☆☆	guó wáng
	king
果然 ☆☆☆☆☆	guǒ rán
	sure enough

果实 ☆☆☆☆☆	guǒ shí results; gains
过分 ☆☆☆☆☆	guò fèn undue; overly
过敏 ☆☆☆☆☆	guò mǐn allergy
过期 ☆☆☆☆☆	guò qī to be overdue
哈 ☆☆☆☆☆	hā laughter; yawn
海关 ☆☆☆☆☆	hǎi guān customs

海鲜 ☆☆☆☆☆	hǎi xiān
	seafood
喊 ☆☆☆☆☆	hǎn
	to yell; to call;
行业 ☆☆☆☆☆	háng yè
	industry; business
豪华 ☆☆☆☆☆	háo huá
	luxurious
好客 ☆☆☆☆☆	hào kè
	hospitality
好奇 ☆☆☆☆☆	hào qí
	inquisitive; curious

何必 ☆☆☆☆☆	hé bì
	there is no need
何况 ☆☆☆☆☆	hé kuàng
	much less; let alone
合法 ☆☆☆☆☆	hé fǎ
	lawful
合理 ☆☆☆☆☆	hé lǐ
	rational
合同 ☆☆☆☆☆	hé tong
	(business) contract
合影 ☆☆☆☆☆	hé yǐng
	joint photo

合作	hé zuò
☆☆☆☆☆	to cooperate
和平	hé píng
☆☆☆☆☆	peace
核心	hé xīn
☆☆☆☆☆	core; nucleus
恨	hèn
☆☆☆☆☆	to hate; to regret
猴子	hóu zi
☆☆☆☆☆	monkey
后背	hòu bèi
☆☆☆☆☆	the back (human anatomy)

后果 ☆☆☆☆☆	hòu guǒ consequences
呼吸 ☆☆☆☆☆	hū xī to breathe
忽然 ☆☆☆☆☆	hū rán suddenly
忽视 ☆☆☆☆☆	hū shì to neglect
壶 ☆☆☆☆☆	hú classifier for bottled liquid
糊涂 ☆☆☆☆☆	hú tu muddled

胡说 ☆☆☆☆☆	hú shuō to talk nonsense
胡同 ☆☆☆☆☆	hú tòng lane; alley
蝴蝶 ☆☆☆☆☆	hú dié butterfly
花生 ☆☆☆☆☆	huā shēng peanut
华裔 ☆☆☆☆☆	huá yì ethnic Chinese
滑 ☆☆☆☆☆	huá to slip; to slide

划	huà
☆☆☆☆☆	to row; to paddle
化学	huà xué
☆☆☆☆☆	chemical
话题	huà tí
☆☆☆☆☆	subject
怀念	huái niàn
☆☆☆☆☆	to cherish the memory of
怀孕	huái yùn
☆☆☆☆☆	pregnant
缓解	huǎn jiě
☆☆☆☆☆	to help relieve (a crisis)

幻想 ☆☆☆☆☆	huàn xiǎng
	delusion; fantasy
慌张 ☆☆☆☆☆	huāng zhāng
	confused; flustered
黄金 ☆☆☆☆☆	huáng jīn
	gold
恢复 ☆☆☆☆☆	huī fù
	to reinstate
挥 ☆☆☆☆☆	huī
	to wave; to brandish
灰 ☆☆☆☆☆	huī
	ash; dust; lime

灰尘 ☆☆☆☆☆	huī chén
	dust
灰心 ☆☆☆☆☆	huī xīn
	lose heart
汇率 ☆☆☆☆☆	huì lv4
	exchange rate
婚礼 ☆☆☆☆☆	hūn lǐ
	wedding ceremony
婚姻 ☆☆☆☆☆	hūn yīn
	marriage
活跃 ☆☆☆☆☆	huó yuè
	active; vigorous

伙伴 ☆☆☆☆☆	huǒ bàn
	partner
火柴 ☆☆☆☆☆	huǒ chái
	match (for lighting fire)
或许 ☆☆☆☆☆	huò xǔ
	perhaps; maybe
基本 ☆☆☆☆☆	jī běn
	basic
机器 ☆☆☆☆☆	jī qì
	machine
激烈 ☆☆☆☆☆	jī liè
	acute; fierce

肌肉 ☆☆☆☆☆	jī ròu
	muscle; flesh
及格 ☆☆☆☆☆	jí gé
	to pass a test
急忙 ☆☆☆☆☆	jí máng
	hastily
急诊 ☆☆☆☆☆	jí zhěn
	emergency call
极其 ☆☆☆☆☆	jí qí
	extremely
集合 ☆☆☆☆☆	jí hé
	to gather; a set

集体 ☆☆☆☆☆	jí tǐ
	collective
集中 ☆☆☆☆☆	jí zhōng
	to concentrate
寂寞 ☆☆☆☆☆	jì mò
	lonely; lonesome
系领带 ☆☆☆☆☆	jì lǐng dài
	tie one's necktie
纪录 ☆☆☆☆☆	jì lù
	record
纪律 ☆☆☆☆☆	jì lv4
	discipline

纪念 ☆☆☆☆☆	jì niàn
	to remember
计算 ☆☆☆☆☆	jì suàn
	to count; to calculate
记录 ☆☆☆☆☆	jì lù
	to take notes
记忆 ☆☆☆☆☆	jì yì
	remember
嘉宾 ☆☆☆☆☆	jiā bīn
	honored guest
夹子 ☆☆☆☆☆	jiā zi
	clip; clamp

家庭 ☆☆☆☆☆	jiā tíng
	family
家务 ☆☆☆☆☆	jiā wù
	housework
家乡 ☆☆☆☆☆	jiā xiāng
	hometown
假如 ☆☆☆☆☆	jiǎ rú
	supposing
假设 ☆☆☆☆☆	jiǎ shè
	suppose that
假装 ☆☆☆☆☆	jiǎ zhuāng
	to feign; to pretend

甲 ☆☆☆☆☆	jiǎ
	(of the fingers or toes) nail
价值 ☆☆☆☆☆	jià zhí
	value; worth
嫁 ☆☆☆☆☆	jià
	(of a woman) to marry
驾驶 ☆☆☆☆☆	jià shǐ
	to drive
兼职 ☆☆☆☆☆	jiān zhí
	part-time; concurrent job
坚决 ☆☆☆☆☆	jiān jué
	firm; resolute

肩膀 ☆☆☆☆☆	jiān bǎng
	shoulder
艰巨 ☆☆☆☆☆	jiān jù
	arduous; terrible
艰苦 ☆☆☆☆☆	jiān kǔ
	difficult
剪刀 ☆☆☆☆☆	jiǎn dāo
	scissors
捡 ☆☆☆☆☆	jiǎn
	to pick up
简历 ☆☆☆☆☆	jiǎn lì
	résumé

简直 ☆☆☆☆☆	**jiǎn zhí** at all; practically
健身 ☆☆☆☆☆	**jiàn shēn** to exercise
建立 ☆☆☆☆☆	**jiàn lì** to set up; to found
建设 ☆☆☆☆☆	**jiàn shè** to build; to construct
建筑 ☆☆☆☆☆	**jiàn zhù** building; to construct
键盘 ☆☆☆☆☆	**jiàn pán** keyboard

讲究 ☆☆☆☆☆	jiǎng jiu
	aesthetic
讲座 ☆☆☆☆☆	jiǎng zuò
	a course of lectures
酱油 ☆☆☆☆☆	jiàng yóu
	soy sauce
交换 ☆☆☆☆☆	jiāo huàn
	to exchange
交际 ☆☆☆☆☆	jiāo jì
	communication
交往 ☆☆☆☆☆	jiāo wǎng
	to associate

浇 ☆☆☆☆☆	jiāo
	to pour liquid
胶水 ☆☆☆☆☆	jiāo shuǐ
	glue
狡猾 ☆☆☆☆☆	jiǎo huá
	crafty
角度 ☆☆☆☆☆	jiǎo dù
	angle; point of view
教材 ☆☆☆☆☆	jiào cái
	teaching material
教练 ☆☆☆☆☆	jiào liàn
	instructor

教训 ☆☆☆☆☆	jiào xun a lesson
接触 ☆☆☆☆☆	jiē chù to touch
接待 ☆☆☆☆☆	jiē dài to receive (a visitor)
接近 ☆☆☆☆☆	jiē jìn near; close to
结实 ☆☆☆☆☆	jiē shi rugged; sturdy
阶段 ☆☆☆☆☆	jiē duàn stage; section

结构 ☆☆☆☆☆	**jié gòu** structure
结合 ☆☆☆☆☆	**jié hé** to combine
结论 ☆☆☆☆☆	**jié lùn** conclusion
结账 ☆☆☆☆☆	**jié zhàng** to pay the bill
节省 ☆☆☆☆☆	**jié shěng** saving; to save
借口 ☆☆☆☆☆	**jiè kǒu** to use as an excuse

届 ☆☆☆☆☆	jiè
	to arrive at (place or time)
戒 ☆☆☆☆☆	jiè
	to guard against
戒指 ☆☆☆☆☆	jiè zhi
	(finger) ring
金属 ☆☆☆☆☆	jīn shǔ
	metal
尽快 ☆☆☆☆☆	jǐn kuài
	as quickly as possible
紧急 ☆☆☆☆☆	jǐn jí
	urgent; emergency

谨慎 ☆☆☆☆☆	jǐn shèn
	cautious; prudent
尽力 ☆☆☆☆☆	jìn lì
	to strive one's hardest
尽量 ☆☆☆☆☆	jìn liàng
	as much as possible
近代 ☆☆☆☆☆	jìn dài
	modern times
进步 ☆☆☆☆☆	jìn bù
	progress
进口 ☆☆☆☆☆	jìn kǒu
	to import; imported

精力 ☆☆☆☆☆	jīng lì
	energy
精神 ☆☆☆☆☆	jīng shén
	spirit; mind
经典 ☆☆☆☆☆	jīng diǎn
	the classics
经商 ☆☆☆☆☆	jīng shāng
	to trade ; in business
经营 ☆☆☆☆☆	jīng yíng
	to engage in (business etc)
酒吧 ☆☆☆☆☆	jiǔ bā
	bar; pub; saloon

救 ☆☆☆☆☆	jiù
	to rescue; to save
救护车 ☆☆☆☆☆	jiù hù chē
	ambulance
舅舅 ☆☆☆☆☆	jiù jiu
	mother's brother
居然 ☆☆☆☆☆	jū rán
	unexpectedly
桔子 ☆☆☆☆☆	jú zi
	tangerine
俱乐部 ☆☆☆☆☆	jù lè bù
	club

具备 ☆☆☆☆☆	jù bèi
	to possess; to have
具体 ☆☆☆☆☆	jù tǐ
	definite; specific
巨大 ☆☆☆☆☆	jù dà
	huge; immense
据说 ☆☆☆☆☆	jù shuō
	reportedly
捐 ☆☆☆☆☆	juān
	to contribute
决赛 ☆☆☆☆☆	jué sài
	finals (of a competition)

决心 ☆☆☆☆☆	jué xīn
	to make up one's mind
绝对 ☆☆☆☆☆	jué duì
	absolute; unconditional
角色 ☆☆☆☆☆	jué sè
	persona; role
军事 ☆☆☆☆☆	jūn shì
	military affairs
均匀 ☆☆☆☆☆	jūn yún
	well-distributed
卡车 ☆☆☆☆☆	kǎ chē
	truck

开发 ☆☆☆☆☆	kāi fā
	to develop
开放 ☆☆☆☆☆	kāi fàng
	to lift (a ban or restriction)
开幕式 ☆☆☆☆☆	kāi mù shì
	opening ceremony
开水 ☆☆☆☆☆	kāi shuǐ
	boiling water
砍 ☆☆☆☆☆	kǎn
	to chop; to cut down
看不起 ☆☆☆☆☆	kàn bu qǐ
	to look down upon

看望 ☆☆☆☆☆	kàn wàng
	to pay a call to
靠 ☆☆☆☆☆	kào
	to lean against or on
颗 ☆☆☆☆☆	kē
	classifier for small spheres
可见 ☆☆☆☆☆	kě jiàn
	clear; visible
可靠 ☆☆☆☆☆	kě kào
	reliable
可怕 ☆☆☆☆☆	kě pà
	awful; dreadful

克 ☆☆☆☆☆	kè
	to be able to
克服 ☆☆☆☆☆	kè fú
	to conquer; to put up with
刻苦 ☆☆☆☆☆	kè kǔ
	hardworking
客观 ☆☆☆☆☆	kè guān
	objective; impartial
课程 ☆☆☆☆☆	kè chéng
	course; class
空间 ☆☆☆☆☆	kōng jiān
	space (astronomy)

控制 ☆☆☆☆☆	kòng zhì
	to exercise control over
空闲 ☆☆☆☆☆	kòng xián
	tastes (in food); flavor
夸 ☆☆☆☆☆	kuā
	to boast
夸张 ☆☆☆☆☆	kuā zhāng
	to exaggerate
会计 ☆☆☆☆☆	kuài jì
	accountant
宽 ☆☆☆☆☆	kuān
	wide; broad; lenient

昆虫 ☆☆☆☆☆	kūn chóng
	insect
扩大 ☆☆☆☆☆	kuò dà
	to expand
辣椒 ☆☆☆☆☆	là jiāo
	hot pepper; chili
拦 ☆☆☆☆☆	lán
	to cut off
烂 ☆☆☆☆☆	làn
	well-cooked and soft; mushy
朗读 ☆☆☆☆☆	lǎng dú
	read aloud

劳动 ☆☆☆☆☆	láo dòng
	physical labor
劳驾 ☆☆☆☆☆	láo jià
	excuse me
姥姥 ☆☆☆☆☆	lǎo lao
	(informal) mother's mother
老百姓 ☆☆☆☆☆	lǎo bǎi xìng
	ordinary people
老板 ☆☆☆☆☆	lǎo bǎn
	boss; keeper
老婆 ☆☆☆☆☆	lǎo pó
	wife

老实 ☆☆☆☆☆	**lǎo shi** honest; sincere
老鼠 ☆☆☆☆☆	**lǎo shǔ** rat; mouse
乐观 ☆☆☆☆☆	**lè guān** optimistic
雷 ☆☆☆☆☆	**léi** terrifying; terrific
类型 ☆☆☆☆☆	**lèi xíng** type; category
冷淡 ☆☆☆☆☆	**lěng dàn** cold; indifferent

厘米	lí mǐ
☆☆☆☆☆	centimeter
梨	lí
☆☆☆☆☆	pear
离婚	lí hūn
☆☆☆☆☆	to divorce
理论	lǐ lùn
☆☆☆☆☆	theory
理由	lǐ yóu
☆☆☆☆☆	reason
利润	lì rùn
☆☆☆☆☆	profits

| 利息 ☆☆☆☆☆ | lì xī |
| interest (on a loan) |
| 利益 ☆☆☆☆☆ | lì yì |
| benefit |
| 利用 ☆☆☆☆☆ | lì yòng |
| exploit; make use of |
| 力量 ☆☆☆☆☆ | lì liang |
| power; force |
| 立即 ☆☆☆☆☆ | lì jí |
| immediately |
| 立刻 ☆☆☆☆☆ | lì kè |
| immediate; prompt |

联合 ☆☆☆☆☆	lián hé
	to combine
连忙 ☆☆☆☆☆	lián máng
	promptly; at once
连续 ☆☆☆☆☆	lián xù
	continuous
恋爱 ☆☆☆☆☆	liàn ài
	in love
粮食 ☆☆☆☆☆	liáng shi
	foodstuff
良好 ☆☆☆☆☆	liáng hǎo
	good; favorable

亮 ☆☆☆☆☆	liàng
	bright; clear
了不起 ☆☆☆☆☆	liǎo bu qǐ
	amazing
列车 ☆☆☆☆☆	liè chē
	(railway) train
临时 ☆☆☆☆☆	lín shí
	temporary; interim
灵活 ☆☆☆☆☆	líng huó
	flexible
铃 ☆☆☆☆☆	líng
	(small) bell

零件 ☆☆☆☆☆	líng jiàn part; component
零食 ☆☆☆☆☆	líng shí snacks
领导 ☆☆☆☆☆	lǐng dǎo leadership
领域 ☆☆☆☆☆	lǐng yù domain; sphere
流传 ☆☆☆☆☆	liú chuán to spread; to circulate
流泪 ☆☆☆☆☆	liú lèi to shed tears

浏览 ☆☆☆☆☆	liú lǎn
	to skim over
龙 ☆☆☆☆☆	lóng
	dragon
漏 ☆☆☆☆☆	lòu
	to leak; to divulge
录取 ☆☆☆☆☆	lù qǔ
	to recruit; to enroll
录音 ☆☆☆☆☆	lù yīn
	to record (sound)
陆地 ☆☆☆☆☆	lù dì
	ry land

陆续 ☆☆☆☆☆	lù xù in turn; successively
轮流 ☆☆☆☆☆	lún liú to alternate
论文 ☆☆☆☆☆	lùn wén thesis; paper
逻辑 ☆☆☆☆☆	luó ji logic (loanword)
落后 ☆☆☆☆☆	luò hòu to fall behind
骂 ☆☆☆☆☆	mà to scold

麦克风 ☆☆☆☆☆	mài kè fēng
	microphone (loanword)
馒头 ☆☆☆☆☆	mán tou
	steamed bun
满足 ☆☆☆☆☆	mǎn zú
	to satisfy
毛病 ☆☆☆☆☆	máo bìng
	fault; problem
矛盾 ☆☆☆☆☆	máo dùn
	contradictory
冒险 ☆☆☆☆☆	mào xiǎn
	to take risks

贸易 ☆☆☆☆☆	**mào yì** (commercial) trade
媒体 ☆☆☆☆☆	**méi tǐ** news media
煤炭 ☆☆☆☆☆	**méi tàn** coal
眉毛 ☆☆☆☆☆	**méi mao** eyebrow
美术 ☆☆☆☆☆	**měi shù** art; fine arts
魅力 ☆☆☆☆☆	**mèi lì** fascination

梦想 ☆☆☆☆☆	mèng xiǎng
	to dream of
密切 ☆☆☆☆☆	mì qiè
	close; familiar
秘密 ☆☆☆☆☆	mì mì
	secret
秘书 ☆☆☆☆☆	mì shū
	secretary
蜜蜂 ☆☆☆☆☆	mì fēng
	bee; honeybee
面对 ☆☆☆☆☆	miàn duì
	to confront

面积 ☆☆☆☆☆	miàn jī
	surface area
面临 ☆☆☆☆☆	miàn lín
	to face sth
描写 ☆☆☆☆☆	miáo xiě
	to describe
苗条 ☆☆☆☆☆	miáo tiáo
	slim; slender
敏感 ☆☆☆☆☆	mǐn gǎn
	sensitive
名牌 ☆☆☆☆☆	míng pái
	famous brand

名片 ☆☆☆☆☆	**míng piàn**
	(business) card
名胜古迹 ☆☆☆☆☆	**míng shèng gǔ jì**
	scenic spots
明确 ☆☆☆☆☆	**míng què**
	to clarify; explicit
明显 ☆☆☆☆☆	**míng xiǎn**
	obvious
明星 ☆☆☆☆☆	**míng xīng**
	star; celebrity
命令 ☆☆☆☆☆	**mìng lìng**
	order; command

命运 ☆☆☆☆☆	mìng yùn
	destiny
摸 ☆☆☆☆☆	mō
	to feel with the hand
摩托车 ☆☆☆☆☆	mó tuō chē
	motorbike
模仿 ☆☆☆☆☆	mó fǎng
	to imitate; to copy
模糊 ☆☆☆☆☆	mó hu
	vague
模特 ☆☆☆☆☆	mó tè
	(fashion) model

陌生 ☆☆☆☆☆	mò shēng strange; unfamiliar
某 ☆☆☆☆☆	mǒu a certain
木头 ☆☆☆☆☆	mù tou blockhead
目标 ☆☆☆☆☆	mù biāo target; goal
目录 ☆☆☆☆☆	mù lù catalog
目前 ☆☆☆☆☆	mù qián currently

哪怕 ☆☆☆☆☆	nǎ pà
	no matter how
难怪 ☆☆☆☆☆	nán guài
	(it's) no wonder
难免 ☆☆☆☆☆	nán miǎn
	hard to avoid
脑袋 ☆☆☆☆☆	nǎo dài
	head; skull
内部 ☆☆☆☆☆	nèi bù
	interior; inside
内科 ☆☆☆☆☆	nèi kē
	medicine

嫩 ☆☆☆☆☆	nèn
	tender; soft
能干 ☆☆☆☆☆	néng gàn
	capable
能源 ☆☆☆☆☆	néng yuán
	energy; power source
嗯 ☆☆☆☆☆	ńg
	sound used to express agreement
年代 ☆☆☆☆☆	nián dài
	a decade of a century
年纪 ☆☆☆☆☆	nián jì
	grade

念 ☆☆☆☆☆	niàn
	to miss (someone)
宁可 ☆☆☆☆☆	nìng kě
	preferably
牛仔裤 ☆☆☆☆☆	niú zǎi kù
	jeans
农村 ☆☆☆☆☆	nóng cūn
	rural area; village
农民 ☆☆☆☆☆	nóng mín
	peasant
农业 ☆☆☆☆☆	nóng yè
	agriculture; farming

浓 ☆☆☆☆☆	nóng
	concentrated
女士 ☆☆☆☆☆	nǚ shì
	lady; madam
欧洲 ☆☆☆☆☆	ōu zhōu
	Europe; European
偶然 ☆☆☆☆☆	ǒu rán
	incidentally
拍 ☆☆☆☆☆	pāi
	to take (a photograph)
派 ☆☆☆☆☆	pài
	clique; school; group

盼望 ☆★★★☆	pàn wàng
	to hope for
培训 ☆★★★☆	péi xùn
	to cultivate; to train
培养 ☆★★★★	péi yǎng
	to educate; to nurture
赔偿 ☆★★★☆	péi cháng
	to compensate
佩服 ☆★★★☆	pèi fú
	admire
配合 ☆★★★☆	pèi hé
	matching; fitting in with

盆 ☆☆☆☆☆	pén basin; flower pot
碰 ☆☆☆☆☆	pèng to touch; to meet with
批 ☆☆☆☆☆	pī to ascertain
批准 ☆☆☆☆☆	pī zhǔn to approve; to ratify
披 ☆☆☆☆☆	pī to unroll; to split open
疲劳 ☆☆☆☆☆	pí láo fatigue; wearily

匹 ☆☆☆☆☆	**pǐ** classifier for horses
片 ☆☆☆☆☆	**piàn** thin piece; flake
片面 ☆☆☆☆☆	**piàn miàn** unilateral; one-sided
飘 ☆☆☆☆☆	**piāo** to float
拼音 ☆☆☆☆☆	**pīn yīn** phonetic writing
频道 ☆☆☆☆☆	**pín dào** (television) channel

凭 ☆☆☆☆☆	**píng**
	to lean against
平均 ☆☆☆☆☆	**píng jūn**
	average
平 ☆☆☆☆☆	**píng**
	flat; level
平安 ☆☆☆☆☆	**píng 'ān**
	safe and sound
平常 ☆☆☆☆☆	**píng cháng**
	ordinary
平等 ☆☆☆☆☆	**píng děng**
	equality; equal

平方 ☆☆☆☆☆	píng fāng square
平衡 ☆☆☆☆☆	píng héng balance; equilibrium
平静 ☆☆☆☆☆	píng jìng tranquil
评价 ☆☆☆☆☆	píng jià to evaluate; to assess
破产 ☆☆☆☆☆	pò chǎn to go bankrupt
破坏 ☆☆☆☆☆	pò huài destruction

迫切 ☆☆☆☆☆	pò qiè
	urgent; pressing
期待 ☆☆☆☆☆	qī dài
	period of time
其余 ☆☆☆☆☆	qí yú
	the rest; the others
奇迹 ☆☆☆☆☆	qí jì
	miracle
企业 ☆☆☆☆☆	qǐ yè
	company
启发 ☆☆☆☆☆	qǐ fā
	to inspire

气氛 ☆☆☆☆☆	qì fēn
	atmosphere; mood
汽油 ☆☆☆☆☆	qì yóu
	gas; gasoline
签 ☆☆☆☆☆	qiān
	to sign one's name
谦虚 ☆☆☆☆☆	qiān xū
	modest
前途 ☆☆☆☆☆	qián tú
	future outlook
浅 ☆☆☆☆☆	qiǎn
	shallow, not deep

欠 ☆☆☆☆☆	qiàn
	deficient
枪 ☆☆☆☆☆	qiāng
	gun; firearm
墙 ☆☆☆☆☆	qiáng
	wall
强调 ☆☆☆☆☆	qiáng diào
	to emphasize
强烈 ☆☆☆☆☆	qiáng liè
	intense
抢 ☆☆☆☆☆	qiǎng
	to fight over

悄悄 ☆☆☆☆☆	qiāo qiāo
	secretly
瞧 ☆☆☆☆☆	qiáo
	to look at; to see
巧妙 ☆☆☆☆☆	qiǎo miào
	ingenious; clever
切 ☆☆☆☆☆	qiē
	to cut; to slice
亲爱 ☆☆☆☆☆	qīn ài
	Dear or beloved
亲切 ☆☆☆☆☆	qīn qiè
	friendliness; gracious

亲自 ☆☆☆☆☆	qīn zì
	personally
勤奋 ☆☆☆☆☆	qín fèn
	hardworking
清淡 ☆☆☆☆☆	qīng dàn
	light
轻视 ☆☆☆☆☆	qīng shì
	contempt
轻易 ☆☆☆☆☆	qīng yì
	easily; lightly; rashly
青 ☆☆☆☆☆	qīng
	green or blue

青春	qīng chūn
☆☆☆☆☆	youth; youthfulness
青少年	qīng shào nián
☆☆☆☆☆	teenager
情景	qíng jǐng
☆☆☆☆☆	scene; sight
情绪	qíng xù
☆☆☆☆☆	feeling; sentiment
请求	qǐng qiú
☆☆☆☆☆	to request
庆祝	qìng zhù
☆☆☆☆☆	to celebrate

球迷 ☆☆☆☆☆	qìng zhù to celebrate
球迷 ☆☆☆☆☆	qiú mí soccer fan
趋势 ☆☆☆☆☆	qū shì trend; tendency
取消 ☆☆☆☆☆	qǔ xiāo to cancel; cancellation
娶 ☆☆☆☆☆	qǔ to take a wife
去世 ☆☆☆☆☆	qù shì to pass away; to die

圈 ☆☆☆☆☆	quān
	circle; ring; loop
全面 ☆☆☆☆☆	quán miàn
	all-around
权利 ☆☆☆☆☆	quán lì
	privilege
权力 ☆☆☆☆☆	quán lì
	authority; power
劝 ☆☆☆☆☆	quàn
	to advise; to urge
缺乏 ☆☆☆☆☆	quē fá
	shortage

确定	què dìng
☆☆☆☆☆	definite; certain
确认	què rèn
☆☆☆☆☆	to confirm; to verify
群	qún
☆☆☆☆☆	group; crowd
燃烧	rán shāo
☆☆☆☆☆	to ignite
绕	rào
☆☆☆☆☆	to wind; to coil (thread)
热爱	rè ài
☆☆☆☆☆	to love ardently

热烈 ☆☆☆☆☆	rè liè
	warm (welcome etc)
热心 ☆☆☆☆☆	rè xīn
	enthusiasm
人才 ☆☆☆☆☆	rén cái
	a person's talent
人口 ☆☆☆☆☆	rén kǒu
	population
人类 ☆☆☆☆☆	rén lèi
	humanity
人民币 ☆☆☆☆☆	rén mín bì
	Renminbi (RMB)

人生 ☆☆☆☆☆	rén shēng human life
人事 ☆☆☆☆☆	rén shì human resources
人物 ☆☆☆☆☆	rén wù a person; a character
人员 ☆☆☆☆☆	rén yuán staff; crew
忍不住 ☆☆☆☆☆	rěn bu zhù cannot help
日常 ☆☆☆☆☆	rì cháng daily; everyday

日程 ☆☆☆☆☆	rì chéng schedule
日历 ☆☆☆☆☆	rì lì calendar
日期 ☆☆☆☆☆	rì qī date (calendar)
日用品 ☆☆☆☆☆	rì yòng pǐn articles for daily use
日子 ☆☆☆☆☆	rì zi a given day (calendar)
如何 ☆☆☆☆☆	rú hé what way; how; what

如今 ☆☆☆☆☆	rú jīn
	nowadays; now
软 ☆☆☆☆☆	ruǎn
	soft; flexible
软件 ☆☆☆☆☆	ruǎn jiàn
	(computer) software
弱 ☆☆☆☆☆	ruò
	weak; feeble; young
洒 ☆☆☆☆☆	sǎ
	to sprinkle; to spray
嗓子 ☆☆☆☆☆	sǎng zi
	throat; voice

色彩 ☆☆☆☆☆	sè cǎi
	tint; coloring
杀 ☆☆☆☆☆	shā
	to kill; to murder
沙漠 ☆☆☆☆☆	shā mò
	desert
沙滩 ☆☆☆☆☆	shā tān
	beach; sand bar
傻 ☆☆☆☆☆	shǎ
	foolish; silly
晒 ☆☆☆☆☆	shài
	to dry in the sun

删除 ☆☆☆☆☆	**shān chú** to delete; to cancel
闪电 ☆☆☆☆☆	**shǎn diàn** lightning
善良 ☆☆☆☆☆	**shàn liáng** good and honest
善于 ☆☆☆☆☆	**shàn yú** be good at; be adept in
扇子 ☆☆☆☆☆	**shàn zi** fan
伤害 ☆☆☆☆☆	**shāng hài** to injure; to harm

商品 ☆☆☆☆☆	shāng pǐn
	good; commodity
商务 ☆☆☆☆☆	shāng wù
	commercial affairs
商业 ☆☆☆☆☆	shāng yè
	business; trade
上当 ☆☆☆☆☆	shàng dàng
	to be fooled
蛇 ☆☆☆☆☆	shé
	snake; serpent
舍不得 ☆☆☆☆☆	shě bu de
	to hate to do sth

射击 ☆☆☆☆☆	shè jī
	to shoot; to fire (a gun)
摄影 ☆☆☆☆☆	shè yǐng
	to take a photograph
设备 ☆☆☆☆☆	shè bèi
	equipment
设计 ☆☆☆☆☆	shè jì
	plan; design
设施 ☆☆☆☆☆	shè shī
	facilities
伸 ☆☆☆☆☆	shēn
	to stretch; to extend

深刻 ☆☆☆☆☆	shēn kè
	profound
身材 ☆☆☆☆☆	shēn cái
	stature; build
身份 ☆☆☆☆☆	shēn fèn
	status; capacity
神话 ☆☆☆☆☆	shén huà
	fairy tale; mytholog
神秘 ☆☆☆☆☆	shén mì
	mysterious
升 ☆☆☆☆☆	shēng
	to raise; to hoist

声调 ☆☆☆☆☆	**shēng diào** tone; note
生产 ☆☆☆☆☆	**shēng chǎn** to give birth to a child
生动 ☆☆☆☆☆	**shēng dòng** vivid; lively
生长 ☆☆☆☆☆	**shēng zhǎng** to grow
绳子 ☆☆☆☆☆	**shéng zi** rope; string; cord
省略 ☆☆☆☆☆	**shěng lüè** to leave out; omission

胜利 ☆☆☆☆☆	shèng lì
	victory
失眠 ☆☆☆☆☆	shī mián
	insomnia
失去 ☆☆☆☆☆	shī qù
	to lose
失业 ☆☆☆☆☆	shī yè
	unemployment
湿润 ☆☆☆☆☆	shī rùn
	moist
狮子 ☆☆☆☆☆	shī zi
	lion

诗	shī
☆☆☆☆☆	poem; poetry
实话	shí huà
☆☆☆☆☆	truth
实践	shí jiàn
☆☆☆☆☆	to practice
实习	shí xí
☆☆☆☆☆	to practice; field work
实现	shí xiàn
☆☆☆☆☆	to achieve
实验	shí yàn
☆☆☆☆☆	to experiment

实用 ☆☆☆☆☆	shí yòng
	practical; functional
时差 ☆☆☆☆☆	shí chā
	jet lag; time lag
时代 ☆☆☆☆☆	shí dài
	age; era
时刻 ☆☆☆☆☆	shí kè
	moment
时髦 ☆☆☆☆☆	shí máo
	in vogue; fashionable
时期 ☆☆☆☆☆	shí qī
	a period in time

时尚 ☆☆☆☆☆	shí shàng
	fashion
石头 ☆☆☆☆☆	shí tou
	stone
食物 ☆☆☆☆☆	shí wù
	food
使劲儿 ☆☆☆☆☆	shǐ jìn r
	to exert all one's strength
始终 ☆☆☆☆☆	shǐ zhōng
	from beginning to end
事实 ☆☆☆☆☆	shì shí
	the fact that

事物 ☆☆☆☆☆	shì wù
	thing; object
事先 ☆☆☆☆☆	shì xiān
	in advance
似的 ☆☆☆☆☆	shì de
	seems as if
士兵 ☆☆☆☆☆	shì bīng
	soldier
市场 ☆☆☆☆☆	shì chǎng
	market place
试卷 ☆☆☆☆☆	shì juàn
	examination paper

收获 ☆☆☆☆☆	shōu huò harvest; results; gains
收据 ☆☆☆☆☆	shōu jù receipt
手工 ☆☆☆☆☆	shǒu gōng handwork; manual
手术 ☆☆☆☆☆	shǒu shù surgical operation
手套 ☆☆☆☆☆	shǒu tào glove; mitten
手续 ☆☆☆☆☆	shǒu xù formalities

手指 ☆☆☆☆☆	shǒu zhǐ
	finger
首 ☆☆☆☆☆	shǒu
	head; chief
受伤 ☆☆☆☆☆	shòu shāng
	to sustain injuries
寿命 ☆☆☆☆☆	shòu mìng
	life span
书架 ☆☆☆☆☆	shū jià
	bookshelf
梳子 ☆☆☆☆☆	shū zi
	comb

舒适 ☆☆☆☆☆	shū shì cozy; snug
蔬菜 ☆☆☆☆☆	shū cài vegetables; produce
输入 ☆☆☆☆☆	shū rù to import; to input
熟练 ☆☆☆☆☆	shú liàn practiced; proficient
属于 ☆☆☆☆☆	shǔ yú classified as
数 ☆☆☆☆☆	shǔ number

鼠标 ☆☆☆☆☆	shǔ biāo
	mouse (computing)
数据 ☆☆☆☆☆	shù jù
	data; numbers
数码 ☆☆☆☆☆	shù mǎ
	numeral; figures
摔倒 ☆☆☆☆☆	shuāi dǎo
	to fall down; to slip
甩 ☆☆☆☆☆	shuǎi
	to throw; to fling
双方 ☆☆☆☆☆	shuāng fāng
	both sides

税 ☆☆☆☆☆	shuì
	taxes; duties
说不定 ☆☆☆☆☆	shuō bu dìng
	maybe
说服 ☆☆☆☆☆	shuō fú
	to convince; to talk sb over
丝绸 ☆☆☆☆☆	sī chóu
	silk cloth; silk
丝毫 ☆☆☆☆☆	sī háo
	a bit
思考 ☆☆☆☆☆	sī kǎo
	to reflect on

思想	sī xiǎng
☆☆☆☆☆	thinking; idea
撕	sī
☆☆☆☆☆	to tear; to rip
私人	sī rén
☆☆☆☆☆	private (citizen); private
似乎	sì hū
☆☆☆☆☆	to seem; to appear
搜索	sōu suǒ
☆☆☆☆☆	to search; to look for sth
宿舍	sù shè
☆☆☆☆☆	dormitory

随身 ☆☆☆☆☆	suí shēn
	to (carry) on one's person

随时 ☆☆☆☆☆	suí shí
	at any time

随手 ☆☆☆☆☆	suí shǒu
	conveniently

碎 ☆☆☆☆☆	suì
	to break down

损失 ☆☆☆☆☆	sǔn shī
	loss; damage

缩短 ☆☆☆☆☆	suō duǎn
	to curtail; to cut down

所 ☆☆☆☆☆	suǒ
	place; location
锁 ☆☆☆☆☆	suǒ
	to lock up; to lock
台阶 ☆☆☆☆☆	tái jiē
	step (over obstacle)
太极拳 ☆☆☆☆☆	tài jí quán
	shadowboxing
太太 ☆☆☆☆☆	tài tai
	married woman
谈判 ☆☆☆☆☆	tán pàn
	to negotiate

坦率 ☆☆☆☆☆	tǎn shuài
	blunt; open
烫 ☆☆☆☆☆	tàng
	to scald; to burn
桃 ☆☆☆☆☆	táo
	peach
淘气 ☆☆☆☆☆	táo qì
	naughty; bad
逃 ☆☆☆☆☆	táo
	to escape
逃避 ☆☆☆☆☆	táo bì
	to evade

讨价还价 ☆☆☆☆☆	tǎo jià huán jià
	haggle over price
套 ☆☆☆☆☆	tào
	cover; sheath
特色 ☆☆☆☆☆	tè sè
	characteristic
特殊 ☆☆☆☆☆	tè shū
	special; particular
特征 ☆☆☆☆☆	tè zhēng
	distinctive feature
疼爱 ☆☆☆☆☆	téng ài
	to love dearly

提倡 ☆☆☆☆☆	tí chàng
	to promote
提纲 ☆☆☆☆☆	tí gāng
	outline; synopsis
提问 ☆☆☆☆☆	tí wèn
	to quiz; to grill
题目 ☆☆☆☆☆	tí mù
	subject; title
体会 ☆☆☆☆☆	tǐ huì
	to realize; experience
体贴 ☆☆☆☆☆	tǐ tiē
	considerate

体现 ☆☆☆☆☆	tǐ xiàn
	to embody; to reflect
体验 ☆☆☆☆☆	tǐ yàn
	to experience for oneself
天空 ☆☆☆☆☆	tiān kōng
	sky
天真 ☆☆☆☆☆	tiān zhēn
	naive; innocent
调皮 ☆☆☆☆☆	tiáo pí
	naughty
调整 ☆☆☆☆☆	tiáo zhěng
	adjustment

挑战 ☆☆☆☆☆	tiǎo zhàn
	challenge
通常 ☆☆☆☆☆	tōng cháng
	usual; regular
统一 ☆☆☆☆☆	tǒng yī
	to unify; to unite
痛苦 ☆☆☆☆☆	tòng kǔ
	pain; suffering
痛快 ☆☆☆☆☆	tòng kuài
	overjoyed; delighted
偷 ☆☆☆☆☆	tōu
	to steal; to pilfer

投入 ☆☆☆☆☆	tóu rù
	to participate in
投资 ☆☆☆☆☆	tóu zī
	investment
透明 ☆☆☆☆☆	tòu míng
	transparent
突出 ☆☆☆☆☆	tū chū
	prominent; outstanding
土地 ☆☆☆☆☆	tǔ dì
	territory; land; soil
土豆 ☆☆☆☆☆	tǔ dòu
	potato

兔子 ☆☆☆☆☆	**tù zi** hare; rabbit
吐 ☆☆☆☆☆	**tù** to vomit; to throw up
团 ☆☆☆☆☆	**tuán** round; circular
推辞 ☆☆☆☆☆	**tuī cí** to decline
推广 ☆☆☆☆☆	**tuī guǎng** to extend; to spread
推荐 ☆☆☆☆☆	**tuī jiàn** recommendation

退 ☆☆☆☆☆	tuì
	to move back
退步 ☆☆☆☆☆	tuì bù
	degenerate; regress
退休 ☆☆☆☆☆	tuì xiū
	retirement
歪 ☆☆☆☆☆	wāi
	askew; at a crooked angle
外公 ☆☆☆☆☆	wài gōng
	mother's father
外交 ☆☆☆☆☆	wài jiāo
	diplomatic; foreign affairs

完美 ☆☆☆☆☆	wán měi
	perfect; perfectly
完善 ☆☆☆☆☆	wán shàn
	to perfect
完整 ☆☆☆☆☆	wán zhěng
	intact; complete
玩具 ☆☆☆☆☆	wán jù
	plaything; toy
万一 ☆☆☆☆☆	wàn yī
	just in case
王子 ☆☆☆☆☆	wáng zǐ
	prince; son of a king

往返 ☆☆☆☆☆	**wǎng fǎn** to go back and forth
网络 ☆☆☆☆☆	**wǎng luò** Internet; network
危害 ☆☆☆☆☆	**wēi hài** to jeopardize
威胁 ☆☆☆☆☆	**wēi xié** to threaten; to menace
微笑 ☆☆☆☆☆	**wēi xiào** smile
唯一 ☆☆☆☆☆	**wéi yī** sole; only

围巾 ☆☆☆☆☆	**wéi jīn** scarf; shawl
围绕 ☆☆☆☆☆	**wéi rào** to revolve around
维修 ☆☆☆☆☆	**wéi xiū** maintenance
违反 ☆☆☆☆☆	**wéi fǎn** to violate (a law)
伟大 ☆☆☆☆☆	**wěi dà** mighty; large
委屈 ☆☆☆☆☆	**wěi qū** to feel wronged

尾巴 ☆☆☆☆☆	wěi ba
	tail
位于 ☆☆☆☆☆	wèi yú
	to be located at
位置 ☆☆☆☆☆	wèi zhi
	position; place; seat
未必 ☆☆☆☆☆	wèi bì
	not necessarily
未来 ☆☆☆☆☆	wèi lái
	future; tomorrow
胃 ☆☆☆☆☆	wèi
	stomach

胃口 ☆☆☆☆☆	wèi kǒu
	appetite
温暖 ☆☆☆☆☆	wēn nuǎn
	warm
温柔 ☆☆☆☆☆	wēn róu
	gentle and soft; tender
文件 ☆☆☆☆☆	wén jiàn
	document
文具 ☆☆☆☆☆	wén jù
	stationery
文明 ☆☆☆☆☆	wén míng
	culture

文学 ☆☆☆☆☆	wén xué
	literature
文字 ☆☆☆☆☆	wén zì
	writing style; script; writing
闻 ☆☆☆☆☆	wén
	to hear; news; well-known
吻 ☆☆☆☆☆	wěn
	to kiss; kiss; mouth
稳定 ☆☆☆☆☆	wěn dìng
	steady; stable
问候 ☆☆☆☆☆	wèn hòu
	to give one's respect

| 卧室 ☆☆☆☆☆ | wò shì |
| bedroom |
| 握手 ☆☆☆☆☆ | wò shǒu |
| to shake hands |
| 屋子 ☆☆☆☆☆ | wū zi |
| house; room |
| 无奈 ☆☆☆☆☆ | wú nài |
| unfortunately |
| 无数 ☆☆☆☆☆ | wú shù |
| countless |
| 无所谓 ☆☆☆☆☆ | wú suǒ wèi |
| o be indifferent |

武术 ☆☆☆☆☆	wǔ shù
	martial art; military skill
勿 ☆☆☆☆☆	wù
	do not
物理 ☆☆☆☆☆	wù lǐ
	physics; physical
物质 ☆☆☆☆☆	wù zhì
	matter; substance
雾 ☆☆☆☆☆	wù
	fog; mist
吸取 ☆☆☆☆☆	xī qǔ
	to absorb; to draw

吸收 ☆☆☆☆☆	xī shōu to assimilate; to ingest
戏剧 ☆☆☆☆☆	xì jù drama; play; theater
系 ☆☆☆☆☆	xì relation
系统 ☆☆☆☆☆	xì tǒng system
细节 ☆☆☆☆☆	xì jié details; particulars
瞎 ☆☆☆☆☆	xiā blind; groundlessly

下载 ☆☆☆☆☆	xià zǎi
	to download
吓 ☆☆☆☆☆	xià
	to frighten
夏令营 ☆☆☆☆☆	xià lìng yíng
	summer camp
鲜艳 ☆☆☆☆☆	xiān yàn
	bright-colored
显得 ☆☆☆☆☆	xiǎn de
	to seem; to look;
显然 ☆☆☆☆☆	xiǎn rán
	evident; clear

显示 ☆☆☆☆☆	xiǎn shì to show; to demonstrate
县 ☆☆☆☆☆	xiàn county
现代 ☆☆☆☆☆	xiàn dài modern age; modern era
现实 ☆☆☆☆☆	xiàn shí reality; actuality
现象 ☆☆☆☆☆	xiàn xiàng appearance
限制 ☆☆☆☆☆	xiàn zhì to restrict; to limit

相处 ☆☆☆☆☆	xiāng chǔ
	get along with each other
相当 ☆☆☆☆☆	xiāng dāng
	appropriate
相对 ☆☆☆☆☆	xiāng duì
	relatively; opposite
相关 ☆☆☆☆☆	xiāng guān
	interrelated
相似 ☆☆☆☆☆	xiāng sì
	to resemble
香肠 ☆☆☆☆☆	xiāng cháng
	sausage

享受 ☆☆☆☆☆	xiǎng shòu
	to enjoy; to live it up
想念 ☆☆☆☆☆	xiǎng niàn
	long to see again
想象 ☆☆☆☆☆	xiǎng xiàng
	to imagine; to fancy
象棋 ☆☆☆☆☆	xiàng qí
	Chinese chess
象征 ☆☆☆☆☆	xiàng zhēng
	emblem; symbol; token
项 ☆☆☆☆☆	xiàng
	back of neck; thing

项链 ☆☆☆☆☆	xiàng liàn
	necklace
项目 ☆☆☆☆☆	xiàng mù
	item; project; sports
消费 ☆☆☆☆☆	xiāo fèi
	to consume
消化 ☆☆☆☆☆	xiāo huà
	digest; digestion
消极 ☆☆☆☆☆	xiāo jí
	negative
消失 ☆☆☆☆☆	xiāo shī
	to disappea

销售 ☆☆☆☆☆	xiāo shòu
	to sell; to market
小麦 ☆☆☆☆☆	xiǎo mài
	wheat
小气 ☆☆☆☆☆	xiǎo qi
	stingy; petty
孝顺 ☆☆☆☆☆	xiào shun
	to be obedient
效率 ☆☆☆☆☆	xiào lv4
	efficiency
歇 ☆☆☆☆☆	xiē
	to take a break;

斜 ☆☆☆☆☆	xié
	inclined; slanting
写作 ☆☆☆☆☆	xiě zuò
	written works
心理 ☆☆☆☆☆	xīn lǐ
	mental
心脏 ☆☆☆☆☆	xīn zàng
	heart
欣赏 ☆☆☆☆☆	xīn shǎng
	to appreciate
信号 ☆☆☆☆☆	xìn hào
	signal

信任 ☆☆☆☆☆	xìn rèn
	to trust
形成 ☆☆☆☆☆	xíng chéng
	to form; to take shape
形容 ☆☆☆☆☆	xíng róng
	appearance; look
形势 ☆☆☆☆☆	xíng shì
	circumstances
形式 ☆☆☆☆☆	xíng shì
	shape; outer appearance
形象 ☆☆☆☆☆	xíng xiàng
	image; form; figure

形状 ☆☆☆☆☆	**xíng zhuàng**
	form; shape
行动 ☆☆☆☆☆	**xíng dòng**
	action; to move
行人 ☆☆☆☆☆	**xíng rén**
	pedestrian
行为 ☆☆☆☆☆	**xíng wéi**
	behavior; conduct
幸亏 ☆☆☆☆☆	**xìng kuī**
	fortunately
幸运 ☆☆☆☆☆	**xìng yùn**
	fortune; luck

性质 ☆☆☆☆☆	xìng zhì nature; characteristic
兄弟 ☆☆☆☆☆	xiōng dì older and younger brother
胸 ☆☆☆☆☆	xiōng chest; bosom
休闲 ☆☆☆☆☆	xiū xián leisure
修改 ☆☆☆☆☆	xiū gǎi to amend; to alter
虚心 ☆☆☆☆☆	xū xīn open-minded

叙述 ☆☆☆☆☆	**xù shù** to tell or talk about
宣布 ☆☆☆☆☆	**xuān bù** to announce
宣传 ☆☆☆☆☆	**xuān chuán** to disseminate
学历 ☆☆☆☆☆	**xué lì** educational background
学术 ☆☆☆☆☆	**xué shù** learning; science
学问 ☆☆☆☆☆	**xué wèn** learning; knowledge

血 ☆☆☆☆☆	xuè
	blood
寻找 ☆☆☆☆☆	xún zhǎo
	to seek; to look for
询问 ☆☆☆☆☆	xún wèn
	to inquire
训练 ☆☆☆☆☆	xùn liàn
	to train; to drill
迅速 ☆☆☆☆☆	xùn sù
	rapid
押金 ☆☆☆☆☆	yā jīn
	deposit; cash pledge

牙齿 ☆☆☆☆☆	yá chǐ
	tooth
严肃 ☆☆☆☆☆	yán sù
	solemn; solemnity
延长 ☆☆☆☆☆	yán cháng
	to extend; to delay
演讲 ☆☆☆☆☆	yǎn jiǎng
	lecture
宴会 ☆☆☆☆☆	yàn huì
	dinner party
阳台 ☆☆☆☆☆	yáng tái
	balcony; porch

痒 ☆☆☆☆☆	yǎng
	to itch; to tickle
样式 ☆☆☆☆☆	yàng shì
	type; style
腰 ☆☆☆☆☆	yāo
	waist; lower back
摇 ☆☆☆☆☆	yáo
	to shake; to rock
咬 ☆☆☆☆☆	yǎo
	to bite; to nip
要不 ☆☆☆☆☆	yào bù
	otherwise

业务 ☆☆☆☆☆	yè wù
	professionnal work; business
业余 ☆☆☆☆☆	yè yú
	in one's spare time
夜 ☆☆☆☆☆	yè
	night; evening
依然 ☆☆☆☆☆	yī rán
	as before; still
一辈子 ☆☆☆☆☆	yí bèi zi
	(for) a lifetime
一旦 ☆☆☆☆☆	yí dàn
	in case (sth happens)

一律 ☆☆☆☆☆	yí lv4 without exception
一再 ☆☆☆☆☆	yí zài repeatedly
一致 ☆☆☆☆☆	yí zhì identical
疑问 ☆☆☆☆☆	yí wèn a question
移动 ☆☆☆☆☆	yí dòng to move; movement
移民 ☆☆☆☆☆	yí mín to immigrate

遗憾 ☆☆☆☆☆	yí hàn
	to regret; regret
乙 ☆☆☆☆☆	yǐ
	second in order
以及 ☆☆☆☆☆	yǐ jí
	as well as; too; and
以来 ☆☆☆☆☆	yǐ lái
	since (a previous event)
义务 ☆☆☆☆☆	yì wù
	duty; obligation
亿 ☆☆☆☆☆	yì
	a hundred million

意外 ☆☆☆☆☆	yì wài
	unexpected
意义 ☆☆☆☆☆	yì yì
	meaning
议论 ☆☆☆☆☆	yì lùn
	to comment; to talk about
因而 ☆☆☆☆☆	yīn ér
	therefore
因素 ☆☆☆☆☆	yīn sù
	element; factor
银 ☆☆☆☆☆	yín
	silver; silver-colored

印刷 ☆☆☆☆☆	yìn shuā
	to print; printing
英俊 ☆☆☆☆☆	yīng jùn
	handsome
英雄 ☆☆☆☆☆	yīng xióng
	hero; heroic
营养 ☆☆☆☆☆	yíng yǎng
	nutrition
营业 ☆☆☆☆☆	yíng yè
	to do business; to trade
迎接 ☆☆☆☆☆	yíng jiē
	to meet; to welcome

影子 ☆☆☆☆☆	**yǐng zi**
	shadow; reflection
应付 ☆☆☆☆☆	**yìng fu**
	to deal with; to cope
应用 ☆☆☆☆☆	**yìng yòng**
	to use; to apply
硬 ☆☆☆☆☆	**yìng**
	hard; able (person)
硬件 ☆☆☆☆☆	**yìng jiàn**
	hardware
拥抱 ☆☆☆☆☆	**yōng bào**
	to embrace; to hug

拥挤 ☆☆☆☆☆	**yōng jǐ** to be crowded
勇气 ☆☆☆☆☆	**yǒng qì** courage; valor; (to have)
用功 ☆☆☆☆☆	**yòng gōng** to study hard
用途 ☆☆☆☆☆	**yòng tú** use; application
优惠 ☆☆☆☆☆	**yōu huì** preferential; favorable
优美 ☆☆☆☆☆	**yōu měi** graceful; fine; elegant

优势 ☆☆☆☆☆	yōu shì dominance; advantage
悠久 ☆☆☆☆☆	yōu jiǔ established; long
油炸 ☆☆☆☆☆	yóu zhá to deep fry
游览 ☆☆☆☆☆	yóu lǎn to go sight-seeing
犹豫 ☆☆☆☆☆	yóu yù to hesitate
有利 ☆☆☆☆☆	yǒu lì advantageous

幼儿园 ☆☆☆☆☆	yòu ér yuán
	kindergarten
娱乐 ☆☆☆☆☆	yú lè
	to entertain
与其 ☆☆☆☆☆	yǔ qí
	rather than..
语气 ☆☆☆☆☆	yǔ qì
	tone; manner of speaking
玉米 ☆☆☆☆☆	yù mǐ
	corn; maize
预报 ☆☆☆☆☆	yù bào
	forecast

预订 ☆☆☆☆☆	yù dìng
	to place an order
预防 ☆☆☆☆☆	yù fáng
	to prevent
元旦 ☆☆☆☆☆	yuán dàn
	New Year's Day
原料 ☆☆☆☆☆	yuán liào
	raw material
原则 ☆☆☆☆☆	yuán zé
	principle
员工 ☆☆☆☆☆	yuán gōng
	staff; personnel

圆 ☆☆☆☆☆	**yuán** circle; round
愿望 ☆☆☆☆☆	**yuàn wàng** wish ; desire
乐器 ☆☆☆☆☆	**yuè qì** musical instrument
晕 ☆☆☆☆☆	**yūn** confused; dizzy; giddy
运气 ☆☆☆☆☆	**yùn qi** luck (good or bad)
运输 ☆☆☆☆☆	**yùn shū** transport

运用	yùn yòng
☆☆☆☆☆	to use; to put to use

灾害	zāi hài
☆☆☆☆☆	disastrous

再三	zài sān
☆☆☆☆☆	over and over again

在乎	zài hu
☆☆☆☆☆	to care about

在于	zài yú
☆☆☆☆☆	to be in; to lie in

赞成	zàn chéng
☆☆☆☆☆	to approve; to endorse

赞美 ☆☆☆☆☆	**zàn měi** to admire; to applause
糟糕 ☆☆☆☆☆	**zāo gāo** too bad; how terrible
造成 ☆☆☆☆☆	**zào chéng** to bring about
则 ☆☆☆☆☆	**zé** thus; then; standard
备 ☆☆☆☆☆	**zé bèi** to blame; to criticize
摘 ☆☆☆☆☆	**zhāi** to borrow; to take

窄 ☆★★★☆	zhǎi
	narrow; narrow-minded
粘贴 ☆★★★☆	zhān tiē
	to stick; to affix
展开 ☆★★★★	zhǎn kāi
	to unfold; to carry out
展览 ☆★★★☆	zhǎn lǎn
	to put on display
占 ☆★★★☆	zhàn
	to take possession of
战争 ☆★★★☆	zhàn zhēng
	war; warfare

掌握 ☆☆☆☆☆	zhǎng wò
	to grasp (often fig.)
涨 ☆☆☆☆☆	zhǎng
	to rise (of prices, rivers)
长辈 ☆☆☆☆☆	zhǎng bèi
	one's elders
账户 ☆☆☆☆☆	zhàng hù
	account (bank or online)
招待 ☆☆☆☆☆	zhāo dài
	to entertain; reception
着火 ☆☆☆☆☆	zháo huǒ
	to ignite; to burn

着凉	zháo liáng
☆☆☆☆☆	to catch cold

召开	zhào kāi
☆☆☆☆☆	to call together

照常	zhào cháng
☆☆☆☆☆	(business etc) as usual

哲学	zhé xué
☆☆☆☆☆	philosophy

珍惜	zhēn xī
☆☆☆☆☆	to value; to treasure

真实	zhēn shí
☆☆☆☆☆	true; real

针对 ☆☆☆☆☆	**zhēn duì** to be directed against
诊断 ☆☆☆☆☆	**zhěn duàn** diagnosis; to diagnose
振动 ☆☆☆☆☆	**zhèn dòng** vibration
阵 ☆☆☆☆☆	**zhèn** disposition of troops
争论 ☆☆☆☆☆	**zhēng lùn** to argue; to debate
争取 ☆☆☆☆☆	**zhēng qǔ** to fight for; to strive for

征求 ☆☆☆☆☆	zhēng qiú
	to solicit; to seek
挣 ☆☆☆☆☆	zhēng
	to struggle to get free
睁 ☆☆☆☆☆	zhēng
	to open (eye)
整个 ☆☆☆☆☆	zhěng gè
	whole; entire; total
整齐 ☆☆☆☆☆	zhěng qí
	orderly; neat; even; tidy
整体 ☆☆☆☆☆	zhěng tǐ
	whole entity; entire body

政府 ☆☆☆☆☆	zhèng fǔ
	government
政治 ☆☆☆☆☆	zhèng zhì
	politics; political
正 ☆☆☆☆☆	zhèng
	upright; centrally located
证件 ☆☆☆☆☆	zhèng jiàn
	certificate
证据 ☆☆☆☆☆	zhèng jù
	evidence; proof
支 ☆☆☆☆☆	zhī
	to bear; to send away

支票 ☆★★★☆	zhī piào
	check (bank); cheque
执照 ☆★★★☆	zhí zhào
	license; permit
直 ☆★★★☆	zhí
	directly; straight
指导 ☆★★★☆	zhǐ dǎo
	to guide; to give directions
指挥 ☆★★★☆	zhǐ huī
	commander
制定 ☆★★★☆	zhì dìng
	to draw up; to formulate

制度	zhì dù
☆☆☆☆☆	institution
制造	zhì zào
☆☆☆☆☆	to engineer; to create
制作	zhì zuò
☆☆☆☆☆	to make; to manufacture
志愿者	zhì yuàn zhě
☆☆☆☆☆	volunteer
智慧	zhì huì
☆☆☆☆☆	wisdom; knowledge
治疗	zhì liáo
☆☆☆☆☆	to treat; to cure

秩序 ☆☆☆☆☆	zhì xù
	the state (of society)
至今 ☆☆☆☆☆	zhì jīn
	until now; so far
至于 ☆☆☆☆☆	zhì yú
	as for; as to
中介 ☆☆☆☆☆	zhōng jiè
	to act as intermediary
中心 ☆☆☆☆☆	zhōng xīn
	center; heart (fig.)
中旬 ☆☆☆☆☆	zhōng xún
	middle third of a month

种类	zhǒng lèi
☆☆☆☆☆	kind; genus; type
重大	zhòng dà
☆☆☆☆☆	important
重量	zhòng liàng
☆☆☆☆☆	weight
周到	zhōu dao
☆☆☆☆☆	thoughtful
猪	zhū
☆☆☆☆☆	pork; hog; pig; swine
竹子	zhú zi
☆☆☆☆☆	bamboo

逐步 ☆☆☆☆☆	**zhú bù** progressively; step by step
逐渐 ☆☆☆☆☆	**zhú jiàn** gradually
主持 ☆☆☆☆☆	**zhǔ chí** to take charge of
主动 ☆☆☆☆☆	**zhǔ dòng** to take the initiative
主观 ☆☆☆☆☆	**zhǔ guān** subjective
主人 ☆☆☆☆☆	**zhǔ rén** master; host; owner

主任 ☆☆☆☆☆	zhǔ rèn
	director; head
主题 ☆☆☆☆☆	zhǔ tí
	theme; subject
主席 ☆☆☆☆☆	zhǔ xí
	chairperson
主张 ☆☆☆☆☆	zhǔ zhāng
	to advocate; to stand for
煮 ☆☆☆☆☆	zhǔ
	to cook; to boil
注册 ☆☆☆☆☆	zhù cè
	to register; to enroll

祝福 ☆☆☆☆☆	zhù fú blessings; wish well
抓 ☆☆☆☆☆	zhuā to grab; to catch
抓紧 ☆☆☆☆☆	zhuā jǐn to grasp firmly
专家 ☆☆☆☆☆	zhuān jiā expert; specialist
专心 ☆☆☆☆☆	zhuān xīn to concentrate
转变 ☆☆☆☆☆	zhuǎn biàn to change; to transform

转告 ☆☆☆☆☆	zhuǎn gào
	to pass on
装 ☆☆☆☆☆	zhuāng
	to pretend; to attire
装饰 ☆☆☆☆☆	zhuāng shì
	to decorate
装修 ☆☆☆☆☆	zhuāng xiū
	to fit up; to renovate
撞 ☆☆☆☆☆	zhuàng
	to hit; to strike
状况 ☆☆☆☆☆	zhuàng kuàng
	condition

状态 ☆☆☆☆☆	zhuàng tài
	mode; situation
追 ☆☆☆☆☆	zhuī
	to sculpt; to carve
追求 ☆☆☆☆☆	zhuī qiú
	to pursue (a goal etc)
咨询 ☆☆☆☆☆	zī xún
	to consult; to seek advice
姿势 ☆☆☆☆☆	zī shì
	posture; position
资格 ☆☆☆☆☆	zī gé
	qualifications; seniority

资金 ☆☆☆☆☆	**zī jīn** funds; funding; capital
资料 ☆☆☆☆☆	**zī liào** material; resources; data
资源 ☆☆☆☆☆	**zī yuán** resources
紫 ☆☆☆☆☆	**zǐ** purple; violet; amethyst
字母 ☆☆☆☆☆	**zì mǔ** letter (of the alphabet)
字幕 ☆☆☆☆☆	**zì mù** caption; subtitle

自从 ☆☆☆☆☆	zì cóng
	since (a time)

自动 ☆☆☆☆☆	zì dòng
	automatic; voluntarily

自豪 ☆☆☆☆☆	zì háo
	pride; to be proud of sth

自觉 ☆☆☆☆☆	zì jué
	conscious; aware

自私 ☆☆☆☆☆	zì sī
	selfish; selfishness

自由 ☆☆☆☆☆	zì yóu
	freedom; free

自愿	zì yuàn
★★★★★	voluntary
综合	zōng hé
★★★★★	to sum up; to integrate
总裁	zǒng cái
★★★★★	chairman; director-general
总共	zǒng gòng
★★★★★	altogether; in sum
总理	zǒng lǐ
★★★★★	premier; prime minister
总算	zǒng suàn
★★★★★	at long last; finally

总统 ☆☆☆☆☆	zǒng tǒng
	president (of a country)
总之 ☆☆☆☆☆	zǒng zhī
	in a word; in short; in brief
组 ☆☆☆☆☆	zǔ
	to form; to organize
组成 ☆☆☆☆☆	zǔ chéng
	to form; to make up
组合 ☆☆☆☆☆	zǔ hé
	to assemble
组织 ☆☆☆☆☆	zǔ zhī
	to organize; organization

阻止 ☆☆☆☆☆	zǔ zhǐ
	to prevent; to block
最初 ☆☆☆☆☆	zuì chū
	first; primary; initial
醉 ☆☆☆☆☆	zuì
	drunk; addicted to
尊敬 ☆☆☆☆☆	zūn jìng
	to respect; to revere
遵守 ☆☆☆☆☆	zūn shǒu
	to comply with; to abide by
作品 ☆☆☆☆☆	zuò pǐn
	work (of art); opus

CPSIA information can be obtained
at www.ICGtesting.com
Printed in the USA
LVHW062104141220
674148LV00012B/1666